초등학교

초등 논술

이 책의 구성과 특징

1 단원의 시작

- 학습 내용과 관련된 경험이나 배경지식을 점검하여 흥미를 일으킬 수 있게 하였습니다.

단원명

학습 목표

생각 열기

흥미와 동기 유발을 위한 글, 삽화, 사진

2 제재 구성

- 시, 이야기, 만화, 노래, 그림 등 다양한 형식의 읽을거리를 제공하였습니다.
- 일상에서 접하는 다양한 문제에 관심을 갖게 하였습니다.

3 학습 활동 및 평가

- 제재를 읽고 논술 능력을 키울 수 있게 학습 활동을 제시하였습니다.
- 창의성과 사고력을 향상시키는 학습 활동을 구성하였습니다.
- 학습한 내용을 스스로 정리하고 평가할 수 있습니다.

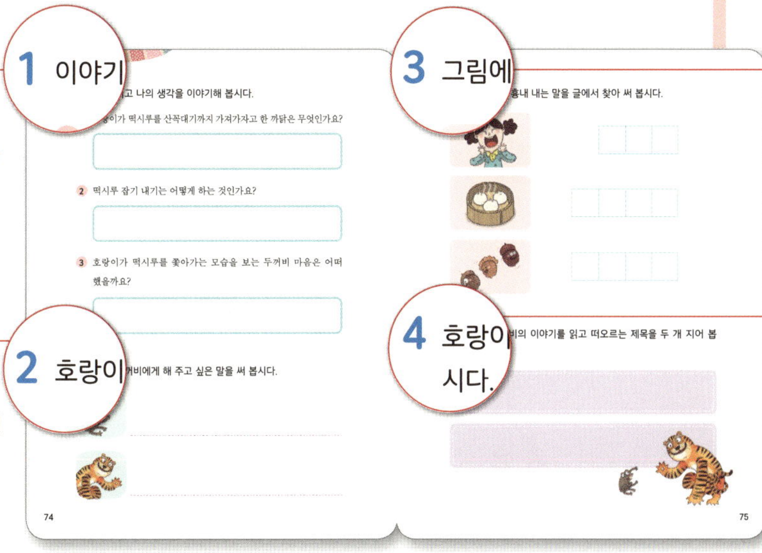

글의 내용을 잘 이해하였는지 알아봅니다.

글의 내용을 좀 더 깊게 생각할 수 있습니다.

제재 글에 나오는 중요한 낱말을 익히거나 어휘력을 기를 수 있습니다.

자기 주도 학습 및 창의성 향상을 위한 중심 활동을 제시하였습니다.

학습 활동을 통해 사고력과 핵심 역량을 강화할 수 있습니다.

단원에서 배운 내용을 스스로 평가해 봅니다.

차례

1 낱말 세상으로 풍덩

◆ 그림을 보고 떠오르는 낱말을 친구들과 말해 봅시다.

숨은 그림을 찾아보고 어디에서 볼 수 있는 물건인지 떠올려 봅시다.

숨은 그림을 찾아 보아요.

필통 책상 연필 의자

가위 칠판 자 지우개

1
우리들은 1학년

우리 교실

교실 그림을 보고 아래 낱말에 알맞은 그림을 찾아 ○표를 해 봅시다.

선생님	연필	의자	책상
엄마	칠판	아빠	할머니

1 그림을 보며 나의 생각을 이야기해 봅시다.

① 그림 속의 사람들은 누구누구인가요?

② 사람들은 무엇을 하고 있나요?

2 그림에 알맞은 낱말을 써 봅시다.

시 계

가 방

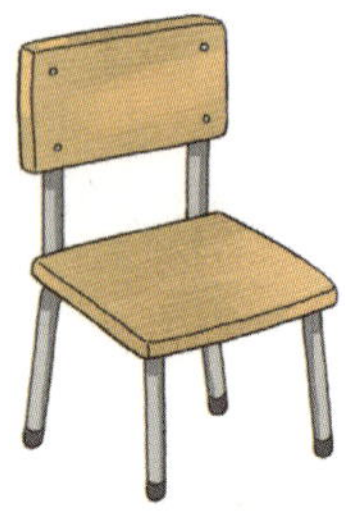

의 자

사 물 함

3 친구들이 읽는 책에서 보이는 것을 말해 보고 그려 봅시다.

1

4 친구들이 운동장에서 어떤 놀이를 하는지 이야기해 봅시다.

배움 다지기

- 그림을 보고 여러 낱말을 떠올렸나요?
- 그림을 보고 친구들이 무엇을 하는지 이야기하였나요?

2 문장 마법사

◆ 글과 그림을 보고 문장을 만들어 봅시다.

글과 그림을 보고 문장을 완성해 봅시다.

소와 양들이

에서 놉니다.

은영이가 염소에게

을 줍니다.

아이들이

과 인사합니다.

선생님께서

을 찍습니다.

2

안전 체험 학습

안전 체험 학습일입니다.

1교시에는 지진이 났을 때 건물 밖으로 안전하게 대피하는 방법을 배웠습니다.

"이제 운동장으로 대피하는 체험을 해 보겠습니다. 대피 신호 소리가 나면 어제 배운 대로 안전하게 밖으로 나가겠습니다."

선생님께서 말씀하셨습니다.

"윙!"

신호음이 울렸습니다. 하준이가 학용품을 허겁지겁 가방에 넣습니다.

"필통은 꼭 챙겨서 갖고 가야지. 그리고……."

"하준아, 뭐하니?"

세희가 가방을 머리 위에 얹으며 말하였습니다.

윤아는 운동화를 신고 있습니다.

"윤아야, 실내화를 신고 나가는 거야."

선생님께서 말씀하셨습니다.

"맞다! 아까 배웠지."

아이들이 가방을 머리 위에 얹고 복도로 나갔습니다. 그리고 선생님을 따라 빠르게 걸어갔습니다.

"선생님, 건물이 무너질지도 모르는데 왜 뛰지 않고 걸어요?"

은수가 답답하다는 듯이 말하였습니다.

"빠르게 대피한다고 뛰어가다가는 넘어질 수도 있어요. 안전하게 건물 밖으로 나가야 한다고 말해 주었지요?"

선생님께서 걸어가면서 말씀하셨습니다.

선생님을 따라 운동장으로 나간 아이들은 줄을 섰습니다. 아이들이 다 모인 뒤에 교장 선생님께서 말씀하셨습니다.

“우리 풀빛 초등학교 어린이들이 안전하게 대피를 잘 했습니다. 다음에도 질서를 잘 지키며 안전하게 대피할 수 있으면 좋겠습니다. 선생님이 가르쳐 주신 대로 잘할 수 있지요?”

“네!”

아이들의 대답이 운동장 가득 퍼졌습니다.

1 「안전 체험 학습」을 읽고 나의 생각을 이야기해 봅시다.

1 하준이네 반 친구들은 무엇을 했나요?

2 1교시에 배운 내용은 무엇인가요?

3 지진 대피를 할 때는 왜 걸어가야 하나요?

2 지진이 났을 때 어떻게 대피해야 하는지 친구들과 이야기해 봅시다.

- 가방을 ____________ 위에 얹습니다.
- ____________를 신고 대피합니다.
- 뛰지 않고 ____________ 걸어갑니다.

3 알맞은 낱말을 보기 에서 찾아 문장을 써 봅시다.

보기 운동회 달리기 공 굴리기 응원

배움 다지기

- 글을 읽고 문장을 만들어 보았나요?
- 글과 그림을 보고 문장을 만들어 보았나요?

3 마음을 나타내요

◆ 이야기 속 인물의 마음을 살펴보고, 나의 마음을 나타내어 봅시다.

그림을 보고 연우의 마음은 어땠을지 이야기해 봅시다.

연우야, 무겁지?
내가 들어 줄게.

3

망친 그림

할아버지께서 어린이날 선물로 스케치북과 크레파스를 사 주셨다. 크레파스를 선물로 받아 마음이 하늘을 날 것 같았다.

나는 스케치북을 펼치고 공원에서 재미있게 놀았던 모습을 그렸다. 색칠을 하려는데 아빠가 심부름을 시키셨다.

심부름을 마친 뒤에 방으로 왔다. 나는 기절을 할 뻔했다.

새 크레파스는 부러져 있고, 세연이가 스케치북 여기저기에 줄을 긋고 있었다.

"야!"

나도 모르게 세연이의 머리를 때렸다. 동생은 큰 소리로 '앙!' 하고 울었다.

아빠가 동생의 울음소리를 듣고 방으로 오셨다.

"지연아, 동생을 왜 때리니? 다시 그리면 되지!"

아빠한테 엄청 혼났다. 세연이가 잘못했는데 왜 내가 혼났는지 모르겠다. 밤에 잠도 오지 않았다.

1 「망친 그림」을 읽고 나의 생각을 이야기해 봅시다.

1 '나'는 어린이날에 어떤 선물을 받았나요?

2 '나'는 동생을 왜 때렸나요?

3 '나'가 '밤에 잠도 오지 않았다.'라고 한 까닭은 무엇일까요?

2 '나'의 마음이 어땠을지 말해 봅시다.

3 「망친 그림」의 '나'가 되어 아빠께 마음을 전하는 그림을 그려 봅시다.

4 친구들과 재미있게 「어쩌지」를 읽어 봅시다.

어쩌지

방귀를 뿡 뀌어서
친구들이 웃을 땐 어쩌지?
하하하, 같이 웃고 앉아 버리지.

잘난 척 어제 한 말이
부끄러울 땐 어쩌지?
소리를 버럭버럭 지르며
머리를 감아버리지.

그런데
철이 일기장에
내 잘못이 적혀있을 땐
어쩌지, 어쩌지?

5 「어쩌지」의 '나'와 같은 마음을 가졌던 일을 떠올려 보고 보기 에서 한 가지를 골라 이야기해 봅시다.

보기 창피하다 부끄럽다 걱정스럽다

배움 다지기

- 이야기 속 인물의 마음을 살펴보았나요?
- 이야기 속의 인물이 되어 '나'의 마음을 전하였나요?

4 이야기 속 인물에게

◆ 이야기 속 인물에게 하고 싶은 말을 써 봅시다.

토끼와 거북이가 서로 무엇을 부러워하는지 이야기해 봅시다.

4

나는 다른 동물이면 좋겠다

왼쪽으로 두리번
앞쪽으로 두리번
오른쪽으로 두리번
앞쪽으로 또 한 번 두리번.

왼쪽에는 곰 한 마리
앞쪽에는 침팬지 한 마리
오른쪽에는 사자 한 마리.

왼쪽에는 곰이 보이고
앞쪽에는 침팬지도 보이고
오른쪽에는 사자가 보여요.

침팬지는 재미있어요.
곰은 힘이 세고요.
사자는 아주 무서워요.

나는 재미있는 침팬지면 참 좋겠다.

계속 장난을 칠 수 있잖아.

나는 곰이라면 참 좋겠다.

뭐든 들 수 있잖아.

나는 무서운 사자라면 참 좋겠다.

그랬으면 모두 꼼짝 못 할 텐데!

미어캣은 생각했어요.

1 「나는 다른 동물이면 좋겠다」를 읽고 나의 생각을 이야기해 봅시다.

1 이야기 속 인물은 누구누구인가요?

2 곰이 힘센 동물이라는 것을 어떻게 알 수 있나요?

2 「나는 다른 동물이면 좋겠다」에 나오는 동물 친구가 되어 미어캣에게 해 주고 싶은 말을 써 봅시다.

3 미어캣이 사진 속의 동물 친구들을 보았다면 어떻게 생각했을지 써 봅시다.

보기 나는 코가 기다란 코끼리면 참 좋겠다.

코로 얼마든지 물을 마실 수 있잖아.

나는 (　　　　　) 면 참 좋겠다.

(　　　　　　　　　　　　　　　　　　)

4 30~31쪽의 토끼와 거북이가 되어 서로에게 해 주고 싶은 말을 써 봅시다.

배움 다지기

- 이야기 속 인물의 생각을 이해하였나요?
- 이야기 속 인물에게 하고 싶은 말을 써 보았나요?

5

알면 알수록

◆ 글을 읽고 새로 알게 된 사실을 찾아봅시다.

평소에 궁금했던 것을 말해 봅시다.

단풍은
왜 들까?

5

옛날 사람들은 어떻게 병을 고쳤을까

우리는 몸이 아플 때 병원에 가지요. 옛날에도 병원이 있었을까요? 옛날에는 병원도 의사도 많지 않았어요. 그렇다면 옛날 사람들은 어떻게 병을 고쳤을까요?

옛날 사람들은 감기를 ‘고뿔’이라고 불렀어요. 코에 불이 난 것처럼 열이 난다는 뜻이지요. 감기에 걸리면 방에 장작불을 때고 온몸에 땀을 내면서 푹 쉬었어요.

또 음식을 이용해서 감기를 낫게 하였어요. 귤껍질을 삶은 물을 마시거나 모과에 엿과 생강을 넣어서 먹었어요. 도라지를 꿀에 재워서 먹기도 했어요.

배탈이 났을 때는 엄마가 배를 쓱쓱 쓸어 주면 신기하게도 어느새 아픈 배가 낫지요. 엄마 손이 차가운 배를 따뜻하게 해 주어 치료되는 것이에요. 엄마 손이 약손이 되는 거지요. 또 볶은 소금을 헝겊에 싸서 배꼽 바로 밑에 감아 배를 따뜻하게 했어요.

1 「옛날 사람들은 어떻게 병을 고쳤을까」를 읽고 나의 생각을 이야기 해 봅시다.

1. 옛날 사람들이 감기를 '고뿔'이라고 부른 까닭은 무엇인가요?

2. 아이가 배탈이 났을 때 엄마는 어떻게 해 주었나요?

2 그림에 알맞은 낱말을 글에서 찾아 쓰고, 새로운 문장을 만들어 봅시다.

3 내가 아팠을 때 병원에 갔던 일을 떠올려 써 봅시다.

보기 나는 배가 아파서 병원에 갔다.

의사 선생님은 나에게 배를 따뜻하게 하라고 하셨다.

- 나는 열이 나서 병원에 갔다.

  의사 선생님은 나에게 ________________________________.

- 나는 ________________ 병원에 갔다.

  의사 선생님은 나에게 ________________________________.

- 나는 ________________ 병원에 갔다.

  ____.

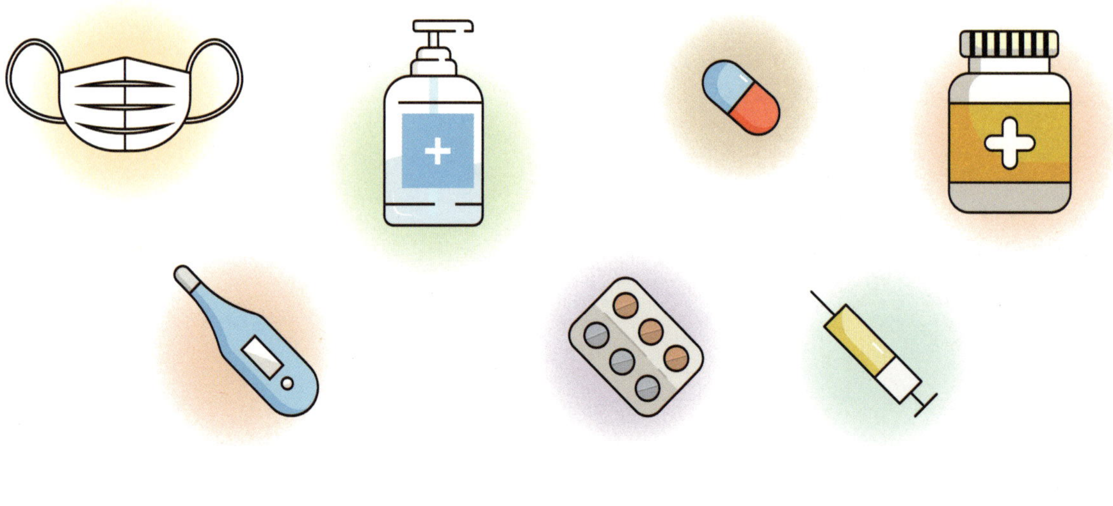

4 「옛날 사람들은 어떻게 병을 고쳤을까」를 읽고 새롭게 알게 된 사실을 써 봅시다.

- 옛날 사람들은 감기를 고뿔이라고 불렀다.
-
-
-
-
-

배움 다지기

- 글을 읽고 내용을 올바르게 이해하였나요?
- 글을 읽고 새로운 사실을 찾았나요?

6 장면을 떠올리며

◆ 시의 장면을 다양하게 표현해 봅시다.

'솜사탕' 노래를 부르며 장면을 떠올려 봅시다.

솜사탕

나뭇가지에
실처럼
날아든 솜사탕

하얀 눈처럼
희고도
깨끗한 솜사탕

엄마 손 잡고
나들이 갈 때
먹어 본 솜사탕

후후
불면
구멍이 뚫리는
커다란 솜사탕

6

매미

숨죽여 살금살금
나무에 다가가서

한 손을 쭈욱 뻗어
잽싸게 덮쳤는데

손 안에 남아 있는 건
[ ] 울음뿐.

1 「매미」를 읽고 나의 생각을 이야기해 봅시다.

1 '나'는 무엇을 하고 있나요?

2 '나'는 나무에 어떻게 다가갔나요?

3 빈칸에 어울리는 말은 무엇일까요?

2 빈칸에 알맞은 낱말을 보기 에서 찾아 써 봅시다.

보기 잽싸게 살금살금

- 고양이가 쥐를 보고 ______ 다가갑니다.
- 쥐가 고양이를 보고 ______ 도망갑니다.

3 「흉내 놀이」를 읽고 빈칸에 들어갈 말을 만들어 봅시다.

흉내 놀이

참새 소리 내 보자.
짹짹짹짹.
오리 소리 내 보자.
꽉꽉꽉꽉.

하하하하 재미있다.
우리들은 참새다.
호호호호 재미있다.
우리들은 오리다.

고양이 소리 내 보자.

______.

______ 소리 내 보자.

______.

하하하하 재미있다.

우리들은 ______ 다.

______ 재미있다.

우리들은 ______ 다.

4 「알사탕」을 읽고 표정이 드러나게 얼굴을 그려 봅시다.

알사탕

동글동글 알사탕
쏘옥 넣으면
사르르 사르르
눈이 감겨요.
잠도 오지 않는데
눈이 감겨요.

토옥, 바사삭
깨물어 보면
왈칵, 입 안 가득
쏟아지는 단맛
잠긴 눈길이 화안히
꽃이 피어요.

5 시를 다양한 방법으로 표현해 봅시다.

시를 소리 내어 읽어 봅시다.

소리를 실감 나게 흉내 내어 봅시다.

시의 장면을 몸으로 따라 하며 읽어 봅시다.

배움 다지기

- 다양한 방법으로 시를 읽어 보았나요?
- 시를 읽고 시의 장면을 다양하게 표현하였나요?

7 더 멋진 방법

◆ 이야기를 읽고 이어질 내용을 상상해 봅시다.

그림을 보고 이어질 내용을 상상해 봅시다.

아이고,
머리 아파.
내가 저 꿀을
꼭 먹고 말 테야.
나는 옆 마을에 볼일을
보러 갈 테니 열심히
공부하고 있거라.
네!
드디어 꿀맛을
보는군!
얘들아, 우리
꿀맛 좀 볼까?
그러다 혼나면 어째?
야,
엄청 달다.
나도, 나도.
아이고, 이걸 어째!
벌써 다 먹었네!
우린 이제
훈장님한테
혼났다.
얘들아,
걱정하지 마.
이놈들, 도대체
이게 무슨 일이냐?
훈장님, 제가 실수로
벼루를 깨뜨렸습니다.
그래서 단지에 든
약을 먹었어요.
흑흑!
……
그런데 왜
죽지 않는
걸까요?

7

걱정 상자

도마뱀 주주는 걱정이 많아요.

요즘 들어 잘 웃지도 않고요.

호랑이 호는 주주의 마음이 편해지는 방법을 찾아 주고 싶어요.

"주주, 이리 와 봐."

호에게 좋은 생각이 떠올랐어요.

"웬 상자야?"

"여기에 네 걱정을 담는 거야."

"휴우, 이게 다 내 걱정이야."

"우아, 걱정이 산더미네!"

호의 놀란 입이 다물어지지 않았어요.

"주주, 괜찮아, 괜찮아! 이제 걱정 상자를 멀리 보낼 테니까."

호는 주주의 걱정 상자를 커다란 새총에 걸었어요.

걱정 상자가 저 멀리에 떨어졌어요.

"주주, 어때? 작아 보이지?"

"예쁘게 색칠도 해 봐."

호와 주주는 걱정 상자를 꾸몄어요.

"주주, 어때? 달라 보이지?"

걱정 상자들이 살랑살랑 흔들렸어요.

"이제 좀 더 멋진 방법으로 해 볼까?"

1 「걱정 상자」를 읽고 나의 생각을 이야기해 봅시다.

1 주주가 요즘 들어 잘 웃지 않는 까닭은 무엇일까요?

2 호는 주주에게 상자에 무엇을 담으라고 했나요?

3 주주는 어떻게 해서 상자를 달라 보이게 했나요?

2 호가 주주의 마음을 편하게 만든 방법은 무엇인지 써 봅시다.

-

-

7

3 그림에 알맞은 낱말을 써 봅시다.

꾸 미 다

색 칠 하 다

흔 들 리 다

4 「걱정 상자」를 다시 읽고 글의 마지막 빈칸에 들어갈 방법을 상상해 봅시다.

5 나의 걱정을 상자에 담아 보고 걱정 상자를 꾸며 봅시다.

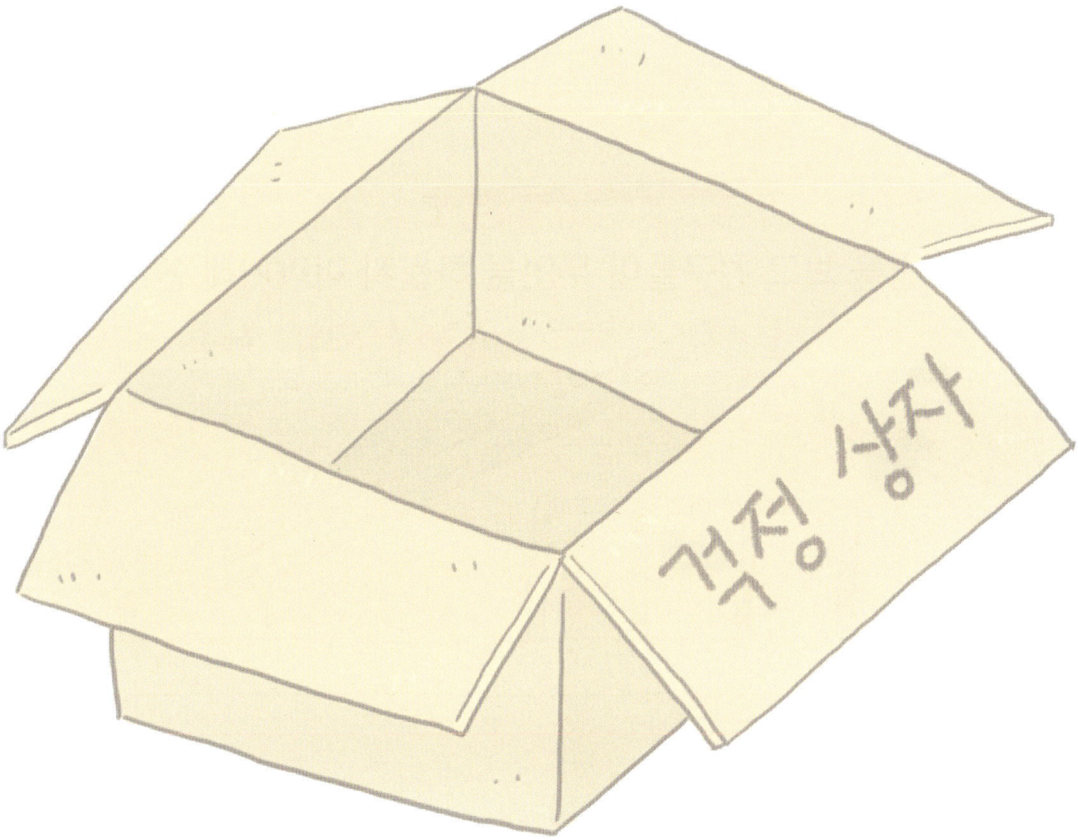

배움 다지기

- 그림을 보고 이어질 내용을 상상해 보았나요? 
- 이야기를 읽고 이어질 내용을 상상해 보았나요? 

8 생각이 드러나게

◆ 어떤 일에 대한 나의 생각을 표현해 봅시다.

그림을 보고 친구들이 무엇을 하는지 이야기해 봅시다.

10:30

8

학용품 이야기

나는 은정이 필통이에요. 은정이는 나를 잃어버린 줄도 모르고 집에서 잠을 자고 있겠지요? 나는 지금 은정이가 보고 싶어요! 여러분, 나와 비슷한 경험이 있으면 말해 보세요.

나는 윤수 지우개예요. 윤수는 심한 장난꾸러기예요. 나를 함부로 다루고, 내 몸에 낙서도 하였어요. 그래서 나는 이렇게 못생긴 모습이 되었어요. 윤수가 나를 찾아서 깨끗하게 사용했으면 좋겠어요.

나는 혜정이 연필이에요. 혜정이는 공부할 때에 나를 입에 무는 버릇이 있어요. 그럴 때마다 나는 무척 아팠어요. 혜정이는 모르고 그랬겠지만 나는 괴로웠어요.

나는 영민이 크레파스예요. 영민이가 책상 옆에 떨어진 나를 보지 못하고 그냥 집으로 가 버렸어요. 영민이는 작아진 나에게 관심이 없나 봐요.

나는 철진이 공책이에요. 철진이는 공책에 이름을 쓰지 않는 버릇이 있어요. 어제 선생님께서 나를 들어 보이며 누구의 것이냐고 물어보셨어요. 철진이는 나를 알아보지 못했어요. 이름을 써 놓았더라면 나를 알아봤을 텐데…….

나는 광식이 풀이에요. 광식이는 나를 함부로 대해요. 아무 데나 나를 문질러요. 또 뚜껑을 덮어 주지 않아서 몸이 딱딱해져요. 그럴 때마다 나는 슬펐어요. 광식이는 내 마음을 알고나 있을까요?

여러분, 지금까지 여러분이 한 말을 듣고 보니 가슴이 아파요! 은정이네 반 선생님께서 우리를 소중하게 다루라고 늘 말씀하셨어요. 은정이네 반 아이들이 선생님 말씀을 잘 따르면 얼마나 좋을까요?

1 「학용품 이야기」를 읽고 나의 생각을 이야기해 봅시다.

1 은정이가 잃어버린 것은 무엇인가요?

2 공책이 철진이에게 바라는 것은 무엇인가요?

3 선생님이 아이들에게 말씀하신 것은 무엇인가요?

2 학용품들의 마음이 어땠을지 말해 봅시다.

3 빈칸에 알맞은 낱말을 보기 에서 찾아 써 봅시다.

보기 버릇 낙서 함부로

- 장난감을 ______ 다루지 않으면 좋겠습니다.
- 벽에 ______ 를 하면 안 됩니다.
- 어른에게 ______ 없는 행동을 하지 맙시다.

4 필통이 은정이네 반 아이들에게 부탁하고 싶은 말은 무엇일지 써 봅시다.

5 「급한 마음에」를 읽고 원태의 행동에 대한 나의 생각을 써 봅시다.

급한 마음에

원태는 오늘 아침 늦잠을 자서 서두르게 되었습니다. 학교에 늦을까 봐 마음이 급했습니다. 빨리 신호가 바뀌기만을 기다리면서 횡단보도 앞에서 발을 동동 굴렀습니다. 원태는 신호등이 녹색으로 켜지자마자 뛰기 시작하였습니다. 하마터면 반대편에서 신호를 무시하고 달려오던 차에 치일 뻔하였습니다. 다행히 차는 '끼이익' 소리를 내며 멈추었습니다. 원태는 가슴을 쓸어내렸습니다.

배움 다지기

- 어떤 일이 일어났는지 알았나요?
- 일어난 일에 대한 나의 생각을 표현했나요?

9 이런 제목 저런 제목

◆ 이야기를 읽고 제목을 지어 봅시다.

그림을 보고 제목과 내용을 생각해 봅시다.

이 은도끼가
네 도끼냐?
제 도끼는
은도끼가 아니고
쇠도끼입니다.
그러면
이 쇠도끼가
네 도끼냐?
네! 그게 바로
제 도끼입니다.
마음씨가 참 착하구나!
금도끼와 은도끼도
가져가거라.
…….

어느 날, 호랑이와 두꺼비는 똑같이 쌀을 한 바가지씩 가져다가 떡을 쪘습니다. 김이 모락모락 올라왔습니다. 군침이 저절로 돌았습니다.

맛있는 냄새가 솔솔 나자, 호랑이는 떡을 혼자 먹고 싶은 생각이 들었습니다. 그래서 두꺼비에게 말하였습니다.

"두꺼비야, 우리 떡시루를 산꼭대기까지 가지고 가자. 거기에서 떡시루 잡기 내기를 하자."

"어떻게 하는데?"

"떡시루를 산 아래로 굴린 다음, 쫓아가 먼저 잡는 쪽이 떡을 다 먹는 거야."

이 말을 들은 두꺼비는 기운이 쏙 빠졌습니다. 보나 마나 자기가 질 것이 뻔하였기 때문입니다. 두꺼비는 천천히 다시 한번 생각해 보았습니다. 잠시 뒤에 좋은 생각이 떠올랐는지 자신 있게 말하였습니다.

"좋아, 내기하자."

그래서 호랑이와 두꺼비는 떡시루를 가지고 산꼭대기로 올라갔습니다.

"하나, 둘, 셋!"

호랑이와 두꺼비는 떡시루를 힘껏 굴렸습니다. 떡시루는 산 아래로 떼굴떼굴 굴러갔습니다. 걸음이 빠른 호랑이는 '어흥' 소리를 내며 떡시루를 쫓아갔습니다.

그런데 떡시루가 떼굴떼굴 굴러가면서 그 안에 들어 있던 떡이 조금씩 밖으로 떨어져 나왔습니다. 호랑이는 그것도 모르고 떡시루를 잡을 생각에 열심히 달리기만 하였습니다.

산꼭대기에서 이 모습을 내려다본 두꺼비는 배꼽을 쥐고 깔깔깔 웃었습니다.

"내 그럴 줄 알았다니까. 이제 천천히 떡을 주워 먹어 볼까?"

1 이야기를 읽고 나의 생각을 이야기해 봅시다.

① 호랑이가 떡시루를 산꼭대기까지 가져가자고 한 까닭은 무엇인가요?

② 떡시루 잡기 내기는 어떻게 하는 것인가요?

③ 호랑이가 떡시루를 좇아가는 모습을 보는 두꺼비 마음은 어떠했을까요?

2 호랑이와 두꺼비에게 해 주고 싶은 말을 써 봅시다.

3 그림에 알맞은 흉내 내는 말을 글에서 찾아 써 봅시다.

4 호랑이와 두꺼비의 이야기를 읽고 떠오르는 제목을 두 개 지어 봅시다.

5 그림을 보고 제목을 지어 봅시다.

1 그림을 보고 어떤 내용인지 써 봅시다.

2 내용에 어울리는 제목을 지어 봅시다.

배움 다지기

- 이야기의 내용을 이해하였나요?
- 이야기에 어울리는 제목을 지었나요?

10 바른 말 틀린 말

◆ 낱말을 바르게 고쳐 써 봅시다.

틀린 낱말을 찾아보며 맞춤법을 알아봅시다.

10

울렁울렁 맞춤법

마법 연필은 보통 연필이랑 생김새가 똑같았어요.

머리 꼭대기에 작고 귀여운 빨간 지우개가 달린 것만 빼고요.

하지만 마법 연필은 엉터리인가 봐요.

알쏭달쏭 헷갈리는 맞춤법이 저절로 생각나지는 않았어요.

흥! 오늘은 동화책 속 백설 공주도 못생겨 보였어요.

나는 마법 연필로 아무렇게나 글자를 썼어요.

백살 공주

"어라? 틀렸네, 틀렸어!"

틀린 글자를 쓰니까 마법 연필이 말했어요.

마법 연필을 소개합니다!

* 이름

마법 연필

* 생김새

머리 꼭대기에 빨간 지우개가 있음.

* 주의 사항

맞춤법을 굉장히 중요시함.

머리에 붙어 있는 지우개에 빨간불이 들어왔어요.
마법 연필이 글자가 틀렸다고 알려 주었어요.
하지만 바르게 고치는 건 내 차지였어요.

"네가 엉터리 글자를 써서 내가 백살 공주가 되어 버렸잖아."

아하, 그렇구나. 백살이 되어 버린 공주 할머니한테 미안했어요.

"내가 어떻게 하면 되나요?"

"동화 나라의 엉터리 맞춤법을 바로 고치면 되지."

1 「울렁울렁 맞춤법」을 읽고 나의 생각을 이야기해 봅시다.

1 마법 연필은 어떤 마법을 부리나요?

2 맞춤법을 틀려서 무슨 일이 일어났나요?

3 마법 연필이 틀린 글자를 바르게 고쳐 주지 않은 까닭은 무엇일까요?

2 「울렁울렁 맞춤법」에 나오는 인물이 어떤 말을 했을지 말해 봅시다.

10

3 「울렁울렁 맞춤법」에 나오는 낱말을 찾아 ○표를 해 봅시다.

글	자	미	줄	같
알	상	나	럼	아
터	쏭	를	기	마
리	닭	달	알	법
저	동	화	쏭	향

4 이야기 속의 마법 연필이 되어 왜 맞춤법을 지켜야 하는지 이야기 해 봅시다.

5 받아쓰기 시험지를 채점해 보고 틀린 글자를 바르게 고쳐 써 봅시다.

1학년 ○반 ○○○

1. 그네
2. 소금
3. 갈치
4. 시냇물
5. 앞다리
6. 쓰레기통
7. 아기 되지

바르게 고쳐 쓰기

배움 다지기

- 틀린 낱말을 찾았나요?
- 틀린 낱말을 바르게 고쳐 썼나요?

자료 출처

참고 자료

28쪽 송상홍, 『소라귀』, 아동 문예사, 1995.
32쪽 베르너 홀츠바르트, 『나는 다른 동물이면 좋겠다』, 아름다운 사람들, 2012.
40쪽 우리누리, 『조상들의 지혜 전통의학』, 주니어 랜덤, 2006.
47쪽 정근, 「솜사탕」.
48쪽 김양수, 『생명』, 강원도민일보사, 2005.
50쪽 김종상, 『김종상 동시 선집』, 지식을 만드는 지식, 2015.
52쪽 이성관, 『파랑새(한국 동요 시집)』, 세계 문예, 2009.
54쪽 정재은, 『훈장님의 꿀단지』, 그레이트 키즈, 2016.
56쪽 조미자, 『걱정 상자』, 봄개울, 2019.
64쪽 홍진복, 『논리와 이야기 나라』, 서림문화사, 1998.
69쪽 전택수 외 9인, 『초등 논술 1학년』, 아침나라, 2012.
72쪽 서정오, 『옛이야기 보따리』, 보리, 2016.
80쪽 이송현, 『울렁울렁 맞춤법』, 살림 어린이, 2015.

이미지 출처

셔터스톡 https://www.shutterstock.com/

36쪽(코끼리, 기린, 강아지, 코알라), 39쪽(단풍잎), 43쪽(의사, 귤껍질)

| 연구진 |

이창송(성남미금초등학교) 이희연(경기 나산초등학교) 전택수(전 서울중곡초등학교)

| 집필진 |

이영완 현) 서울용암초등학교 교감*
서울교육대학교 초등교육과 졸업(학사)
경희대학교 교육대학원 교육학과 국어교육학 졸업(석사)

이소리 현) 서울특별시북부교육지원청 장학사
대구교육대학교 교육학과 졸업(학사)
한국교원대학교 교육대학원 공통과학교육학과 졸업(석사)
한국교원대학교 대학원 공통과학교육학과 졸업(박사)

서현정 현) 서울가산초등학교 교사
서울교육대학교 초등교육과 졸업(학사)

황시우 현) 경기 나산초등학교 교사
경인교육대학교 윤리교육과 졸업(학사)
경인교육대학교 교육대학원 초등체육교육학 졸업(석사)

이준복 현) 경기 해밀초등학교 교감
청주교육대학교 실과교육과 졸업(학사)

김은경 현) 경기 중일초등학교 교사
청주교육대학교 수학교육과 졸업(학사)
아주대학교 교육대학원 교육행정학 졸업(석사)

권희은 현) 서울신석초등학교 교감
서울교육대학교 초등교육과 졸업(학사)
서울교육대학교 교육대학원 초등과학교육학 졸업(석사)

박주현 현) 서울서원초등학교 교사
서울교육대학교 초등교육과 졸업(학사)
서울교육대학교 교육대학원 초등국어교육학 졸업(석사)

임미영 현) 서울대방초등학교 교사
경인교육대학교 영어교육과 졸업(학사)

고은미 현) 경기 나산초등학교 교사
서울교육대학교 초등교육과 졸업(학사)

차숙희 현) 경기 나산초등학교 교사
중앙대학교 영어영문학 졸업(학사)
한국교원대학교 초등교육과 졸업(학사)

김수주 현) 용인이동초등학교 교사
청주교육대학교 국어교육과 졸업(학사)
단국대학교 교육대학원 상담심리학 졸업(석사)

*표시는 집필 책임자임.

| 경기도교육청인정도서심의회 위원 |

황인표(춘천교육대학교)* 이병희(샘모루초등학교) 류영우(모당초등학교) 이병달(금릉초등학교) 박신정(안양중앙초등학교)
김훈경(파주교육지원청) 김재란(자유초등학교) 이상숙(곡란초등학교) 박양희(연현중학교)

*표시는 심의회 위원장임.

| 감수진 |

김연희(용천초등학교) 김재환(옥길버들초등학교) 김지용(나산초등학교) 백승이(정평초등학교) 이도섭(상탑초등학교)
임경태(이매초등학교) 정갑수(곡정초등학교) 조성애(성남미금초등학교) 주원형(나룰초등학교)

개발 책임 이경자 **편집** 박선영, 한석란 **디자인** 오선아
표지 삽화 최준규 **내지 삽화** 김이주, 윤의석, 이은교, 이은주, 전진희

교육부의 위임을 받아 경기도교육청에서 2021년 1월 14일 인정 승인을 하였음.

초등학교 초등 논술 1

2022. 3. 1. 초판1쇄 발행 / 2022. 6. 7. 초판2쇄 발행 **정가** 5,700원

지은이 이영완 외 11인

발행인 (주)아침나라 / 경기도 파주시 문발로 214-12

인쇄인 (주)조광프린팅 / 경기도 파주시 상지석길 245

이 교과서의 본문 용지는 우수 재활용 제품 인증을 받은 재활용 종이를 사용했습니다.

교과서에 대한 문의 사항이나 의견이 있는 분은 교육부와 한국교과서연구재단이 운영하는 교과서민원바로처리센터 (전화: 1566-8572, 웹사이트: http://www.textbook114.com 또는 http://www.교과서114.com)에 문의하여 주시기 바랍니다.

이 도서에 게재된 저작물에 대한 보상금은 문화체육관광부장관이 정하는 기준에 따라 **사단법인 한국문학예술저작권협회**(02-2608-2800, www.kolaa.kr)에서 저작재산권자에게 지급합니다.

내용 관련 문의 (주)아침나라 교과서 개발부 **전화** (031) 955-6339 **전송** (031) 955-6335

공급 업무 대행 (사)한국검인정교과서협회 (10881) 경기도 파주시 문발로 439-1

개별 구입 문의 홈페이지 주소 www.ktbook.com 031-956-8581~4 (사)한국검인정교과서협회

ISBN 978-89-5587-238-5